AF311335

RANGS ET ALLIANCES
DE LA
MAISON DE ROHAN
DEPVIS SIX CENS ANS.

PLusieurs des Anciens Princes de Bretagne ont esté appellez Roys.

Jornandes de rebus Geticis cap. 45. pag. 132. & 133. part. 1. Goticarum rerum impreff. 1617. Historiæ Francorum scriptores, tom. 1. pag. 218. 583. 653. 709. 733. 763. impreff. 1636. Reginonis Chronicon fol. 35. 36. & 39. impreff. 1566. Historiæ Normanorum scriptores pag. 8. 10. 496 impreff. 1619. Exemplar præcepti Alani Regis Britannorum de Abbatia sancti Sergij sub Rainone Episcopo, rapporté par Monsieur d'Argentré en son Histoire de Bretagne, liv. 4. chap. 5. pag. 197. impreff. 1618. *Baronius tom. 1. anno 58. num. 26. Guillelmi Camdeni Britannia pag. 38. impreff. 1639.* Monsieur du Chesne en son Histoire d'Angleterre, livre 5. nom. 6. pag. 168. impreff. 1634. *Hadrianus Valesius Rerum Francicarum, lib. 6. pag. 279. 282. 283. 284. 285. 286. & 287. impreff. 1646.*

Tous les Historiens qui ont parlé de la Maison de Rohan, sont d'accord, non seulement qu'elle est issuë des premiers Roys & Princes Bretons, mais aussi qu'elle a continué de masle en masle depuis lesdits Roys jusques à present, & c'est la commune Renommée.

Declaration d'Alain Fergant Duc de Bretagne, rapportée par Monsieur d'Argentré en son Histoire de Bretagne, livre premier, chap. 13. pag. 94. & 95. impreff. 1618. L'ancien Breviaire de Vannes, fol. 5. partie 3. impreff. 1589. és premiere & seconde leçons de la vie de S. Meriadec. Enqueste de l'an 1479. faite au procez d'entre le Vicomte de Rohan & le Comte de Laval pour la presceance aux Estats de Bretagne. L'Histoire de Navarre escrite en Espagnol par Dom Charles Infant de Navarre, continuée par un Evesque de Papelonne,

A.

& traduite en François par Cayet , impreff. 1618. Les grandes Chroniques de Bretagne, liv. 4. fol. 2 98. impreff. 1514. *Nicolaus Borbonius* en fes Poëfies Latines, pag. 263. & 264. impreff. 1538. Monfieur le Febvre de la Boderie en fon Epiftre liminaire fur le Traitté de la Religion Chreftienne de Marcille Ficin. Impreff. 1578. Le R. P. Eftienne de Cypre en fes Genealogies des 67. Maifons Illuftres, chap. 32. fol. 50. & 51. impreff. 1586. Le Pere Dupas en fon Hiftoire genealogique des Illuftres Maifons de Bretagne, partie feconde, pag. 319. impreff. 1619. Et le Sieur de Ioucault dans fon Poëme fur ladite Hiftoire. Marois en fon livre du Triomphe de la vraye Nobleffe, pag. 295. impreff. 1631. Monfieur de la Colombiere Vulfon en fon livre de la Science heroïque , chap. 14. pag. 149. impreff. 1644. *Chronicon Briocenfe MSS. fol. 42.*

La Maifon de Leon eft iffuë de celle de Rohan par l'aifné; quelques Princes de cette Maifon de Leon , ont efté Roys de Bretagne , il y a trois cens ans qu'elle eft rentrée dans celle de Rohan.

Les grandes Chroniques de Bretagne , liv. 2. fol. 72. impreff. 1514. *Cœnalis de re Gallica lib. 2. Perioche 6. fol. 180. impreff. 1557.* Monfieur le Febvre de la Boderie , en fon Epiftre liminaire fur le Traité de la Religion Chreftienne de Marcilie Ficin , impreff. 1578. Le R. P. Eftienne de Cypre en fes Genealogies des 67. Maifons Illuftres, chap. 32. fol. 50. & 51. impreff. 1586. Meffire Pierre le Bault, chap. 13. 14. & 30. pag. 94. 96. & 223. Monfieur d'Argentré liv. 3. chap. 8. & 9. pag. 161. & 62. Monfieur de la Colombiere Vulfon, en la Genealogie de la Maifon de Rofmadec, pag. 9. impreff. 1644. & en fon livre de la Science heroïque, chap. 44. pag. 463. & 464. impreff. 1644.

Sur la fin de l'onziéme fiecle, Alain Fergant Duc de Bretagne ayant fait faire une Enquefte folemnelle des Rangs que les Grands de fon Eftat avoient eu de toute ancienneté dans les Parlemens & Affemblées genepales du Païs, il fe trouva

Declaration d'Alain Fergant Duc de Bretagne, rapportée par Monfieur d'Argentré en fon Hiftoire de Bretagné, liv. 1. chap. 13. pag. 94. & 95. impreff. 1618. Extraict d'une ancienne Chronique manufcrite que Monfieur Dozier a fait imprimer à la fin de l'Hiftoire de Bretagne , écrite par Meffire Pierre le Bault, page 190. impreff. 1638.

L'original de cette Chartre d'Alain Fergant eft dans la Chambre des Comptes à Nantes.

que les Vicomtes de Leon & de Rohan y avoient toûjours eu des plus hauts Rangs, & qu'ils estoient Princes du Sang Royal de Bretagne.

Eudon de Rohan Vicomte de Porhoet, fut second Mary de Berthe, qui de son chef estoit Duchesse de Bretagne, & qui mourut l'an 1154.

Alain III. du nom Vicomte de Rohan, espousa Constance de Bretagne Sœur unique de Conan IV. du nom Duc de Bretagne, & petite fille de Matilde d'Angleterre, lesquels Alain & Constance fonderent l'Abbaye de Bon-Repos dans la Vicomté de Rohan l'an 1184. & d'eux sont issus tous les Vicomtes & Ducs de Rohan qui ont esté depuis, jusques à Henry II. du nom decedé l'an 1638. les Seigneurs de Môtauban, & les Seigneurs de Guemené.

Chartulaires des Abbayées de Redon, de Marmoustier, & de Savigny.

Monsieur du Chesne en son Histoire genealogique de la Maison de Bethune, liv. 6. pag. 481. impress. 1639. Le Pere Dupas en son Histoire genealogique des Illustres Maisons de Bretagne, partie deuxiéme, page 537. impress. 1619. Messieurs de Sainte Marthe en leur Histoire genealogique de la maison de France, liv. 28. chap. 2. pag. 783. & suivantes, impress. 1628. fondation de l'Abbaye de Bon-Repos.

Ledit Alain III. estoit fils d'Alain II. & petit fils d'Alain I. du nom, & de Constance de Castille, fille d'Alphonse Roy de Castille & de Leon & de Constance de Bourgongne petite fille de Robert Roy de France fils de Hugues Caper.

Cet Alain I. est qualifié Prince et Illustre dans l'acte de fondation du Prieuré de nre Dame de la Couade dans le Duché de Rohan.

Geofroy Vicomte de Rohan petit fils d'Alain III. espousa Marguerite Sœur d'Aalix Duchesse de Bretagne, femme de Pierre de Dreux Prince du sang de france.

Hervé de Leon s'intitule *par la grace de Dieu Comte de Leon* dans un Tiltre de 1160.

Guiomar fils de Hervé estoit allié avec le Roy Philippes Auguste.

Sous l'an 1342. un Historien de ce temps-là dit que le Vicomte de Leon estoit le plus grand Seigneur de Bretagne apres le Duc.

Dans le premier volume de l'Histoire des Guerres de France & d'Angleterre, écrit par Iean Froissart il y a prés de 300. ans, le Vicomte de Rohan est qualifié Prince, & il y est nommé comme l'un des plus considerables entre ceux qui furent presens, lors que le Roy Philippes de Valois adjugea la Duché de Bretagne à Charles de Blois son neveu, par Arrest donné à Conflans le sept Septembre 1341. *Adonc* (dit Froissart)

4 Le Pere Albert en son Histoire des Vies des Saints de Bretagne, page 670. impress. 1637. où ce Tiltre est transcrit.

Guillelmus Brito lib. 8. Philipidos.

Henricus de Knyghton de eventibus Angliæ, lib. 4. pag. 2581. Historiæ Anglicanæ impress. 1652.

Au chapitre 71. pag. 79. impress, 1574.

*Mõseigneur Charles s'en-
clina contre le Roy son
Oncle , en le remerciant
moult grandement & tan-
tost pria le Duc de Nor-
mandie son Cousin; & le
Comte d'Alençon son On-
cle, le Duc de Bourgogne,
le Comte de Blois son Frere , le Duc de Bourbon,
Monseigneur Louis d'Es-
pagne, Monseigueur Jac-
ques de Bourbon, le Comte
d'Eu pour lors Connestable
de France , & le Comte de
Guynes son fils, le Vicomte
de Rohan, & tous les au-
tres Princes & Barons qui
là estoient, qui tous luy di-
rent qu'ils iroient volon-
tiers avec luy , & à leur
Seigneur le Duc de Nor-
mandie , chacun à tout
tant de Gendarmes com-
me il pourroit avoir.*

Iean Vicomte de Ro-
han , apres la mort de
Ieanne heritiere & Vi-
comtesse de Leon sa pre-
miere femme, de laquelle

Messieurs de Sainte - Marthe en
leur Histoire genealogique de la
Maison de France, tom. 1. liv. 22.
pag. 989. impress. 1647.

fé de Milan, de laquelle, il eut un fils nommé Iean qui n'eut qu'une fille ma- riée à Louïs de Rohan premier du nom Seigneur de Guemené, dont Mon- fieur & Madame Prince & Princeffe de Guemené font iffus.

En l'année 1419. Iean Duc de Bretagne, Artus & Richard de Bretagne fes freres eftans prifon- niers, Alain Vicomte de Rohan, comme Prince de l'ancienne Maifon Royale de Bretagne, fut declaré Lieutenant gene- ral de l'Eftat, par le con- fentement univerfel des Bretons.

Alain Vicomte de Ro- han, petit Fils du Vicom- te Iean & de Ieanne Vi- comteffe de Leon fa pre- miere femme, efpoufa Marguerite de Bretagne fille de Iean furnommé le Vaillant & le Conque- rant Duc de Bretagne, &

Monfieur d'Argentré en fon Hi- ftoire de Bretagne, liv. 11. chap. 19. pag. 738. Enquefte de l'an 1479. faite au procez d'entre le Vicomte de Rohan & le Comte de Laval, pour la prefceance aux Eftats de Bretagne.

Meffieurs de Sainte-Marthe en leur Hiftoire genealogique de la Maifon de France, tome 1. liv. 35. chap. 9. pag. 589. impreff. 1647.

de

de Ieanne de Navarre fille de Charles II. du nom Roy de Navarre & de Ieanne de France, laquelle Ieanne de Navarre fut depuis Reyne d'Angleterre.

Ce Vicomte Alain eut deux filles de Marguerite de Bretagne sa femme, l'une appellée Marguerite espousa Iean d'Orleans Comte d'Angoulesme Ayeul du Roy François premier, l'autre appellée Catherine espousa Iean d'Albret Vicomte de Tartas, & fut Mere du grand Alain Sire d'Albret Pere de Iean Roy de Navarre Ayeul du Roy Henry IV.

Le mesme Vicomte de Rohan se maria en secondes nopces avec Marie de Lorraine fille d'Antoine Comte de Vaudemont, Pere de Ferry Duc de Lorraine.

Iean Vicomte de Rohan fils d'Alain & de sa seconde femme Marie de Lorraine, espousa l'an 1461. Marie de Bretagne seconde fille de François premier du nom Duc de Bretagne, & d'Isabel d'Es-

Messieurs de Sainte-Marthe au mesme lieu.

Enqueste de l'an 1479. faite au procez d'entre le Vicomte de Rohan & le Comte de Laval, pour la presceance aux Estats de Bretagne.

Cœnalis de Re Gallica lib. 2. Perioche 6. pag. 180. & 181.

Messieurs de Sainte-Marthe en leur Histoire genealogique de la Maison de France, tom. 2. livr. 35. chap. 11. pag. 599. & 600. impress. 1647.

coſſe fille de Iacques premier du nom Roy d'Eſ-
coſſe.

Ce mariage avoit eſté
ordonné par ledit Duc
François premier dés l'an
1450. & le contract en
avoit eſté fait & approu-
vé par les Eſtats du Pays
cinq ans apres, dont l'Autheur des anciẽnes Chro-
niques de Bretagne rap-
porte la cauſe en ces ter-
mes, parlant du Vicom-
te de Rohan : *Car c'eſt luy
qui plus droitement de
toute ancienneté eſt iſſu de
la ligne Royale de Breta-
gne;* Et Meſſieurs de Sainte-Marthe diſent, *Le Duc
François premier voulut
par ſon Teſtament que ſes
deux filles uniques fuſſent
mariées aux deux plus
proches Princes du Sang
de Bretagne.*

Ledit Iean Vicomte de
Rohan fut preſent, avec
pluſieurs autres Princes,
aux Articles de Mariage

Les grandes Chroniques de Bretagne, liv. 4. fol. 298. impreſſ. 1514.
Meſſire Pierre le Bault en ſon Hiſtoire de Bretagne, chap. 52. pag. 532.
impreſſ. 1638. Monſieur d'Argentré
en ſon Hiſtoire de Bretagne, liv. 12.
chap. 18. pag. 842. impreſſ. 1618.

fol. 298. impreſſ. 1514.

pag. 600. du deuxiéme tome, impreſſ. 1647.

Monſieur d'Argentré en ſon Hiſtoire de Bretagne, liv. 13. chap. 62.
pag. 1027. impreſſ. 1618.

entre le Roy Louïs XII. & Anne de Bretagne, au mois de Ianvier 1498. les signatures desquels Articles sont rapportées dans cet ordre, *Ainsi signé LOVIS, par le Roy, Messieurs les Cardinaux de Saint Pierre ad Vincula, & d'Amboise, vous le Sieur de Ravestain, le Prince d'Orenge, le Marquis de Rotelin, les Comtes de Rohan, de Guise, de Ligni, de Dunois & Rieux, les Evesques d'Alby, de Saint Brieu, de Lusson, de Leon, de Cornoüaille, de Bayeux, les Sieurs de Gié & de Baudricourt Mareschaux de France, de Sens Chancelier de Bretagne, de la Tremoille, de Chaumont, de Beaumont, d'Avaugour, & de Tournon.*

Iacques Vicomte de Rohan, écrivant au Roy François premier, met à la suscription de sa lettre, *Au Roi mon Souverain Seigneur*, & dans la mesme lettre, parlant de Iean Vicomte de Rohan son Pere, il dit, *Monsieur mon Pere.*

L'original de cette lettre estoit és mains de Monsieur le Comte de Bethune, qui l'a donné à Madame la Princesse de Guemené.

Le Roy François premier, & Madame Louïse de Savoye sa Mere, ordonnerent que Messieurs de Rohan enfans, mangeassent à la table de Messeigneurs les Enfans de France, avec lesquels ils

Les lettres qui le justifient sont és mains de Monsieur le Comte de Bethune.

estoient nourris.

En l'année 1535. René premier du nom Vicomte de Rohan , fils de Pierre de Rohan Baron de Frontenay , & d'Anne de Rohan (qui fut heritiere & Vicomtesse de Rohan apres Iacques & Claude ses freres , morts sans enfans, l'un en 1527. & l'autre en 1540.) espousa Isabeau de Navarre fille de Iean d'Albret & de Catherine de Foix Roy & Reyne de Navarre.

Nicolaus Borbonius en ses Poësies Latines, pag. 263. & 264. impress. 1538. Messieurs de Sainte-Marthe en leur Histoire genealogique de la Maison de France, tome 2. livre. 28. chap. 2. pag. 786.

Et le Pere Ioseph Texera Portugais, en son Histoire genealogique qu'il presenta au Roy Henry I V. l'an 1590. parlant de ce Mariage , dit , *Isabeau mariée à Monsieur de Rohan Prince de la Maison de Bretagne.*

Fol. 23. de la deuxiéme partie, impress. 1595.

A la ceremonie de l'entrée du Roy Henry second à Paris l'an 1549. ledit René Vicomte de Rohan est appellé Prince, il y

Fol. 26. de l'ordre de cette ceremonie, imprimé à Paris 1549.

eut rang & y marcha en cette qualité.

Et l'an 1552. ayant esté tué dans un combat proche de Mets, François de Rabutin qui vivoit alors, dit, *Ce fut un fort grand dommage de la perte de ce Prince qui estoit de la Maison de Bretagne* : Guillaume Paradin l'appelle, *Monsieur de Rohan Prince Breton* : Et l'Autheur des Annales d'Aquitaine, *Monsieur le Prince de Rohan Breton.*

> Fol. 83. de ses Commentaires des guerres d'entre le Roy Henry II. & l'Empereur Charles V. écrits l'an 1554. impress. 1574.
>
> Folio 153. de son livre intitulé, Continuation de l'Histoire de nostre temps, impress. 1556.
>
> Pag. 644. partie quatriéme, derniere edition.

Dans une Transaction faite le 24. Iuillet 1582. entre le Roy Henry I V. & René deuxiéme du nom Vicomte de Rohan, fils dudit René premier du nom Vicomte de Rohan & de ladite Isabeau de Navarre, sont ces mots, *Ont esté presens tres-Haut, tres-Puissant, & tres-Illustre Henri par la grace de Dieu Roi de Navarre, estant de present en ce lieu des Essarts, d'vne part; & tres-Haut & tres-Puissant Prince René Vicomte de Rohan, &c. lesquels assistez des Gens de leur Conseil, &c.*

> Pardevant Bertrand & Ribdreuil Notaires en la Baronnie des Essarts.

Monsieur le President de Thou rapporte qu'en l'année 1589. apres la mort

> Historiarum lib. 97. tom. 5. fol. 9. Hæc acta pridie nonas sextiles publico etiam instrumento confecto, *Cui inde Rex, inde Franciscus*

du Roy Henry III. fon fucceffeur Henry IV. ayant efté reconnu Roy de France, par quantité de Princes & de Grands qui eftoient dans fon Armée, il en fut paffé un Acte folemnel qui fut figné dans cét ordre. Premierement, *Le Roy, & puis apres François de Bourbon Prince de Conty, François de Bourbon Duc de Montpenfier, Henry d'Orleans Duc de Longueville, François de Luxembourg Duc de Piney, Louïs de Rohan Duc de Montbazon, Armand de Biron & Jean d'Aumont Marefchaux de France & autres.*

Borbonius Contij Princeps, Francifcus Borbonius Monpenfarij Dux, Henricus Aurelianus Longavillæ, Francifcus Luxemburgus Pinei, Ludovicus Rohannus Monbazonij Duces, Armannus Bironus, Ioannes Aumontius Equitum Tribuni, &c. Multi ex iis qui aderant Proceribus, quanquam factum fummopere probarent & urgerent, ne loci & ordinis fui prærogativæ (qua de re nunquam quidquam certi apud nos definitum eft) præjudicium facerent, non fubcripfère, & in iis *Ioannes Ludovicus Nogaretus Efpernonius, qui poft Bironum & Aumontium (quos ille tanquam Dux & Franciæ Par dignitate anteibat) nomen fuum fcripto apponere recufavit. Càm illi contra quòd in exercitu effent, & pro ratione muneris imperium in cæteros belli Duces habere præ fe ferrent : ideoque in fubfcribendo priorem locum poft principales familias fibi deberi contenderent, quod & obtinuerunt.*

Il adjoûte que plufieurs Seigneurs qui eftoient prefens & qui approuvoient fort ce qui fe paffoit, ne voulurent pas neantmoins figner l'Acte, craignans de faire prejudice à leur rang & à leur prerogative, & qu'entre ceux-là fut *Iean Louïs de Nogaret Duc d'Efpernon, qui comme Duc & Pair pretendoit figner avant les Marefchaux de Biron & d'Aumont, lefquels fouftenoient au contraire, qu'eftans les Chefs de l'Armée où l'Acte eftoit fait, ils devoient figner immediatement apres les Maifons des Princes : Ce qu'ils obtinrent.* Monfieur d'Efpernon eftoit plus ancien Duc &

Pair que Meſſieurs de Luxembourg & de Montbazon.

En l'an 1594. au feſtin que le Roy Henry I V. fit aux Dames le jour de ſon Couronnement à Chartres, la Vicomteſſe de Rohan preceda la Ducheſſe de Retz, dont le mary avoit ſervy à la ceremonie du Sacre, comme Pair & repreſentant le Comte de Flandres.

Ceremonial de France par Monſieur Godefroy, pag. 691. & 692. impreſſ. 1619.

Page 617. du meſme Ceremonial.

EXTRAICT DE L'ORDRE TENV
à l'Entrée du Roy Henry II. à Paris l'an 1549.

LE dit Seigneur Roy fut accompagné & ſuivy des Princes de ſon Sang, & autres Princes qui s'enſuivent, à ſçavoir, de

Monſeigneur le Duc de Vendoſmois le premier, ayant à coſté de luy Louys Monſieur de Vendoſme ſon Frere.

Suivant eux, Monſeigneur le Duc de Montpenſier, coſtoyé par Monſeigneur le Prince de la Roche-ſur-Yon ſon Frere.

Monſeigneur le Duc de Nemours eſtoit apres, tenant le milieu, à coſté de luy à main droite Monſeigneur le Duc de Nivernois, & à gauche Monſeigneur le Duc d'Aumale.

Monſeigneur le Marquis du Mayne venoit conſecutivement, ayant au deſſus de luy, Monſeigneur le Chevalier de Lorraine, & au deſſous Monſeigneur René de Lorraine ſon Frere.

Les derniers furent Monſeigneur de Rohan au milieu, à coſté droict Monſeigneur le Duc d'Atrye, & à gauche Monſeigneur le Duc de Some, qui ſont deux Princes Eſtrangers.

Tous les ſuſdits, Princes, &.

www.ingramcontent.com/pod-product-compliance
Ingram Content Group UK Ltd.
Pitfield, Milton Keynes, MK11 3LW, UK
UKHW021724090726
13657UKWH00005B/2454